Engels
BOTSCHAFTEN

arsEdition

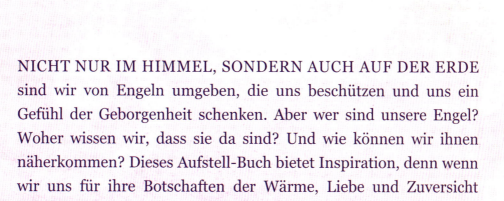

NICHT NUR IM HIMMEL, SONDERN AUCH AUF DER ERDE sind wir von Engeln umgeben, die uns beschützen und uns ein Gefühl der Geborgenheit schenken. Aber wer sind unsere Engel? Woher wissen wir, dass sie da sind? Und wie können wir ihnen näherkommen? Dieses Aufstell-Buch bietet Inspiration, denn wenn wir uns für ihre Botschaften der Wärme, Liebe und Zuversicht öffnen, werden sie uns stets den richtigen Weg weisen und uns Tag für Tag neue Kraft schenken.

VON ALLEN *Gefährten*,
die mich begleiteten,
ist mir keiner so treu geblieben
wie der Schutzengel.

CLEMENS BRENTANO

Engel schweben herab
und bringen vom Himmel das Echo der Gnade
und das Geflüster der Liebe.

FANNY J. CROSBY

Wir können
die Engel nicht sehen,
aber es ist genug,
dass sie uns sehen.

CHARLES HADDON SPURGEON

DER ENGEL DER GELASSENHEIT

Der Engel der Gelassenheit bringt inneren Frieden und Ausgeglichenheit. Er bewirkt, dass das Gleichgewicht zwischen Körper und Seele gegeben ist und in turbulenten Zeiten wiederhergestellt wird. Nur mit einem Herzen voller Ruhe und Besonnenheit kann man zu Harmonie gelangen.

Es wird ein Engel dir gesandt,
um dich durchs Leben zu begleiten.
Er nimmt dich liebend an der Hand
und bleibt bei dir zu allen Zeiten.
Er kennt den Weg, den du zu gehen hast,
und trägt mit dir der Erde Leid und Last.

KARL MAY

Es weiß keiner von uns, was er wirkt
und was er den Menschen gibt.
Es ist für uns verborgen und soll es bleiben.
Manchmal dürfen wir ein klein wenig
davon sehen, um nicht mutlos zu werden.

ALBERT SCHWEITZER

Wir sollten alles gleichermaßen vorsichtig wie auch zuversichtlich angehen.

EPIKTET

DER ENGEL DER ZUVERSICHT

Der Engel der Zuversicht schenkt Inspiration, allem, was kommt, mit freudiger Erwartung entgegenzusehen. An das Gute zu glauben, ist die Essenz des Lebens. Richtet man seine Gedanken, Worte und Handlungen konkret auf seine Wünsche und Ziele, so werden sich diese auch erfüllen. Vertraut man auf das Positive, wird es auch sicherlich geschehen!

Wer *Engel* sucht in dieses Lebens Gründen,
der findet nie, was ihm genügt.
Wer Menschen sucht, der wird den Engel finden,
der sich an seine Seele schmiegt.

CHRISTOPH AUGUST TIEDGE

FREUNDSCHAFT darf empfindungsvollen Seelen
niemals in des Lebens Stürmen fehlen;
nur wenn uns ihr holder Engel lacht,
schwindet jeder sorgenvolle Kummer;
sie nur reißt uns aus des Geistes Schlummer,
der zur Tugend neu gestärkt erwacht.

LUISE EGLOFF

Engel

Jeder Mensch hat seinen Engel.

RUDOLF STEINER

DER ENGEL DER FREUNDSCHAFT

Gute, verlässliche Freunde an der Seite sind ein kostbares Geschenk, mit dem man sorgsam und liebevoll umgehen sollte. Durch aufrichtiges Interesse, respektvollen Umgang und Zeit, die man miteinander verbringt, können Freundschaften beständig gepflegt werden. Die Liebe und Zuneigung, die man dabei verschenkt, wird einem zurückgegeben und bereichert das Leben, denn Freundschaften zu pflegen heißt in Liebe zu leben.

Wenn alle Türen geschlossen
und die Fenster verdunkelt sind,
darfst du nicht glauben, allein zu sein.
Denn Gott ist bei dir und dein Schutzengel.
Und weshalb sollten sie Licht brauchen,
um zu sehen, was du tust?

EPIKTET

Sie kommen noch immer
durch den aufgebrochenen Himmel,
die friedlichen Schwingen ausgebreitet,
und ihre himmlische Musik schwebt
über der ganzen müden Welt …

WILLIAM SHAKESPEARE

DIE LIEBE IST DAS FLÜGELPAAR,
das Gott der Seele gegeben hat,
um zu ihm aufzusteigen.

MICHELANGELO

Alle Engel sind *Gefühle der Liebe* in menschlicher Gestalt.

EMANUEL SWEDENBORG

Zu lieben,
um geliebt zu werden,
ist menschlich, aber zu lieben
nur um der Liebe willen,
ist engelsgleich.

ALPHONSE DE LAMARTINE

DER ENGEL DER LIEBE

Liebe kann man nicht planen, man muss sie zulassen und sich darauf einlassen. So wird sie dauerhaft bleiben und intensive Gefühle hervorzaubern. Der Engel der Liebe ermutigt, sich auf die Liebe einzulassen, mit all ihren Farben und Facetten. Wenn man bereit für die Liebe ist, wird der Engel dafür sorgen, das Gefühl für immer im Herzen zu verankern.

ENGEL SIND REINE GEDANKEN GOTTES,
beflügelt von Wahrheit und Liebe.

MARY BAKER EDDY

Der Mensch kann überhaupt keinen Schritt tun
ohne den Einfluss des Himmels!

EMANUEL SWEDENBORG

WO ENGEL HAUSEN, DA IST DER HIMMEL,
und sei's auch mitten im Weltgetümmel.

HAFIS

EINE STERNSCHNUPPE IN DER NACHT –
EIN ENGEL SCHICKT DIR EINEN WUNSCH.

Die Augen zum Himmel zu heben, wenn die Augen aller Menschen auf Irdisches gerichtet sind, ist nicht leicht. Zu Füßen der Engel zu beten, wenn alle Menschen nur nach Ruhm und Reichtum streben, ist nicht leicht. Aber das Schwerste von allem ist, die Gedanken der Engel zu denken, die Worte der Engel zu sprechen und wie die Engel zu handeln.

AUS DEM »FRIEDENSEVANGELIUM DER ESSENER«,
DIE SCHRIFTROLLEN VOM TOTEN MEER

DER ENGEL DES TROSTES

In schweren Zeiten ist gewiss: Ein Engel ist ganz nahe! Mit seinen Flügeln schenkt er Geborgenheit, und durch seine Liebe gibt er Zuversicht, dass Herz und Seele bald wieder geheilt sind. Der Schutzengel ist stets gegenwärtig und lässt im Herzen neue Hoffnung und Zuversicht erwachen.

IM FESTEN GLAUBEN,
immer einen treuen
unsichtbaren Begleiter
an deiner Seite zu haben,
wirst du deine Hoffnung
nie verlieren.

MATHILDE VON DER AU

GLAUBE NICHT, DU SEIST VERLASSEN,
wenn dir kein Mensch zur Seite steht.
Lern nur den leisen Hauch erfassen,
der, wenn du klagst, dich lind umweht.

Es zieht ein sinnenfremdes Mahnen
dein geistig Wesen zu sich hin:
»Willst du, willst du denn gar nicht ahnen,
dass ich, dein Engel, bei dir bin?«

KARL MAY

DER ENGEL DER ACHTSAMKEIT

Der Engel der Achtsamkeit regt an, im Hier und Jetzt zu leben und aufmerksam gegenüber den Dingen des Lebens zu sein, denn nur wer sein Herz öffnet und ganz bewusst darauf achtet, was er tut und was um ihn herum geschieht, kann erkennen, was wirklich wichtig ist. Wenn man sich dabei auf die wesentlichen Werte besinnt – Liebe, Ehrlichkeit und Dankbarkeit –, wird man wahres Glück empfinden.

Es gab eine Pause – gerade lang genug, dass ein Engel vorbeigleiten konnte.

RONALD FIRBANK

DIE *Engel* SEHEN SICH ALLE ÄHNLICH.

HEINRICH HEINE

Ein kleiner Glaube wird eure Seele in den Himmel,
ein großer Glaube den Himmel in eure Seele bringen.

CHARLES HADDON SPURGEON

Ein *Seelenverwandter* ist ein Engel auf Erden.

GLAUBE AN DICH SELBST, MENSCH,
glaube an den inneren Sinn deines Wesens,
so glaubst du an Gott
und an die Unsterblichkeit.

JOHANN HEINRICH PESTALOZZI

DER ENGEL DES GLAUBENS

Der Glaube ist so mächtig, dass er sprichwörtlich Berge versetzen kann. Wenn man an das Universum und seine Macht glaubt, so werden Wünsche und Träume in Erfüllung gehen. Handelt man so, als wären die Wünsche bereits Wirklichkeit geworden, ist man der Erfüllung schon näher gekommen.

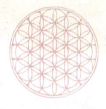

Man muss *im Ganzen* an jemanden glauben,
um ihm im Einzelnen wahrhaft Zutrauen zu schenken.

HUGO VON HOFMANNSTHAL

Es wird ein Engel dir gesandt,
dem sollst du dich gern anvertrauen.
Auf ihn soll stets und unverwandt
das Auge deiner Seele schauen.
Er trägt zu deinem Schutz das Schwert des Herrn
und ist dir nie mit seiner Hilfe fern.

KARL MAY

MILLIONEN VON GEISTIGEN WESEN
gehen unerkannt durch unsere Welt,
egal, ob wir wachen oder schlafen.

JOHN MILTON

Wenn Engel reisen, lacht der Himmel.

SPRICHWORT AUS DEUTSCHLAND

DER ENGEL DER SORGLOSIGKEIT

Alle großen und kleinen Sorgen werden in die Hände dieses Engels gelegt. Ihm kann man seine Ängste anvertrauen und gleichzeitig spüren, wie sie immer kleiner werden. Die Schwierigkeiten werden sich auflösen, der Blick nach vorne verspricht nur Positives! Es gibt immer eine Lösung, und wenn die Sorgen verschwunden sind, kann man die Schönheit des Lebens bewusst genießen.

Am Himmel geschehen
Zeichen und Wunder.

FRIEDRICH SCHILLER

Wenn man den Sternenhimmel betrachtet,
steht eine Schönheit vor uns auf,
die uns entzückt und beseligt.
Und es wird ein Gefühl in unsere Seele kommen,
das alle unsere Leiden und Bekümmernisse
majestätisch überhüllt und verstummen macht
und uns eine Größe und Ruhe gibt,
der man sich andächtig und dankbar beugt.

ADALBERT STIFTER

DER ENGEL DER RUHE

Zu Seelenfrieden gelangt man durch Achtsamkeit. Regelmäßige Momente der Ruhe tun gut und fördern die Glückseligkeit. Was man dafür braucht, ist ein bisschen Zeit und einen stillen Ort, an dem man neue Kraft tanken und innere Ruhe spüren kann. In dieser Stille schenkt der Engel der Ruhe Zuversicht und Energie.

Eine *Wolke* am Himmel an einem Sommertag
ist ein lieber Gruß eines Engels.

Stille wird's mir im Gemüt,
wenn ich blicke in die Weite,
ob ein Engel mir zur Seite
betend durch die Felder geht?

ADOLPH LANGE

Ein Engel ist ein Gedanke Gottes.

MEISTER ECKHART

Es ist nicht bekannt, wo *Engel* verweilen –
ob in der Luft, im leeren Raum oder auf den Planeten.
Gott hat nicht gewollt,
dass wir davon Kenntnis erhalten.

VOLTAIRE

Kein Mensch kann die Grenze zwischen Notwendigkeit und Luxus ziehen. Nur die Engel können das, und Engel sind weise und besonnen. Vielleicht sind Engel unsere besseren Gedanken im Raum.

KHALIL GIBRAN

DER ENGEL DER WEISHEIT

Weise und tiefgründig zu sein, bedeutet, liebevolle Werte bewusst zu leben. Der Engel der Weisheit regt dabei an, das Leben aus einer neuen Perspektive zu sehen und auf die Stimme zu hören, die tief aus dem Inneren spricht. Durch neue Erkenntnisse kann man eine eigene Philosophie entwickeln, die sehr befreiend wirkt und ein zufriedenes Leben ermöglicht.

Was ist die *Weisheit* eines Buchs
gegen die Weisheit eines Engels?

FRIEDRICH HÖLDERLIN

Wenn der Weg steinig ist –
ein Engel ist da, um dir zu helfen.

Die *Engel* sind uns ganz nahe
und schützen uns und Gottes Kreaturen
in seinem Auftrag.

MARTIN LUTHER

Wunder GIBT ES, UM UNS ZU LEHREN,
überall das Wunderbare zu erkennen.

AUGUSTINUS VON HIPPO

Wunder geschehen plötzlich. Sie lassen sich nicht herbeiwünschen, sondern kommen ungerufen, meist in den unwahrscheinlichsten Augenblicken, und widerfahren denen, die am wenigsten damit gerechnet haben.

GEORG CHRISTOPH LICHTENBERG

DER ENGEL DES TIEFEREN SINNS

Alles, was uns widerfährt, und jeder Mensch, der in unser Leben tritt, erfüllt einen ganz bestimmten Zweck. Der Engel des tieferen Sinns kann helfen, diese Bestimmung zu entdecken. Auch wenn sich der Sinn nicht gleich erschließt, auf dem Lebensweg hat alles seine Richtigkeit. Vertraut man dem Leben, wird man die Bedeutung irgendwann verstehen.

Durch die Sterne
BIST DU MIT DEN ENGELN VERBUNDEN.

Wenn du statt eines Schmuckstücks oder einer Blume
dem Herzen eines nahen Menschen
einen liebevollen Gedanken schenkst,
dann gibst du auf diese Weise, wie die Engel geben.

GEORGE MACDONALD

Ein Wort, das dir ein Engel in dein eigenes Herz gelegt hat,
ist für die Seele heilsamer als tausend Worte,
durch das Ohr von außen her vernommen!
Denn was du im Herzen vernimmst, ist schon dein Eigentum;
was du aber von außen her vernimmst,
das musst du dir erst zu eigen machen.

JAKOB LORBER

DER ENGEL DER DANKBARKEIT

Dankbarkeit empfinden führt zu Glückseligkeit und innerer Wärme. Das Gute im Leben kann so in die Welt getragen werden und kommt auf gleiche Weise zurück. Durch Dankbarkeit werden Türen geöffnet für alles Neue, was das Leben bereichert.

Er schläft nicht, man täuscht ihn nicht,
den edlen Schützer eines jeden von uns.
Schließe deine Tür und mache dunkel,
aber erinnere dich, dass du niemals allein bist.

EPIKTET

Spüre die Sanftheit
der Engel um dich herum.

Willst du in meinem *Himmel* mit mir leben?
Sooft du kommst, er soll dir offen sein!

FRIEDRICH SCHILLER

Wir leben nicht nur unter Menschen, sondern auch mit himmlischen Geschöpfen, die uns verständnisvoll über die Schulter schauen, die unsere Gedanken, Gefühle und Taten sehen, kennen und verstehen.

HENRY WARD BEECHER

DER ENGEL DER HERZENSGÜTE

Öffnet man das Herz für andere Menschen, kann man Güte und Wärme empfangen und diese weiterschenken. So werden sich Licht, Freude und Wärme verbreiten. Mit einer liebevollen Art steckt man andere an, das Gute in sich zu entdecken und weiterzugeben. So kann das Schöne und Gute im Herzen leben.

Ich werde einen *Engel* schicken,
der dir vorausgeht.
Er soll dich auf dem Weg schützen
und dich an den Ort bringen,
den ich bestimmt habe.

2. MOSE 23,20

DIE GANZE *Welt* IST VOLLER WUNDER.

MARTIN LUTHER

Ein Engel umgibt dich mit seinem *Licht* – du bist geschützt.

Die Engel sind von unaussprechlicher Schönheit, und Liebe leuchtet aus ihrem Antlitz, aus ihrer Rede und allen Einzelheiten ihres Lebens.

EMANUEL SWEDENBORG

Ich habe Engel gesehen, deren Antlitz so schön war,
dass kein Maler mit aller Kunst seinen Farben je eine
solche Leuchtkraft verleihen könnte, um auch nur
den tausendsten Teil von dem wiederzugeben,
was als Licht und Leben in ihrem Gesicht erscheint.

EMANUEL SWEDENBORG

DER ENGEL DER SCHÖNHEIT

Liebenswürdigkeit, Freundlichkeit, Hilfsbereitschaft und einzigartige Fähigkeiten beeinflussen unsere innere Schönheit. Je mehr man sich dessen bewusst ist, desto mehr werden diese Eigenschaften in einem wachsen. Der Glanz des Engels ermutigt, an die eigene Anmut zu glauben und diese mit seinen Mitmenschen zu teilen.

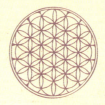

Ich sehe die Engel auch als die eigentliche Ursache der Bewegung, des Lichtes, des Lebens, dieser Grundtatsachen der physischen Welt an. Jedes Lüftchen, jeder Strahl von Licht und Wärme, jedes Aufschimmern von Schönheit ist gleichsam nur der Saum des Gewandes, das Rauschen des Kleides jener, die Gott von Angesicht zu Angesicht schauen.

JOHN HENRY NEWMAN

Zufriedenheit im Herzen zu spüren, heißt, den Engeln nahe zu sein.

Gleich von Geburt an begleitet einen jeden ein Schutzgeist, der unbemerkt sein *Leben* leitet.

MENANDER

Die Schutzengel unseres Lebens fliegen manchmal
so hoch, dass wir sie nicht mehr sehen können,
doch sie verlieren uns niemals aus den Augen.

JEAN PAUL

Wenn wir uns *umarmen,*
gleichen wir den Engeln und können fliegen.

MARIE OBENAUER

DER ENGEL DER GEBORGENHEIT

Geborgenheit bedeutet, zu wissen und zu spüren, dass man nicht allein ist. Mit dem festen Glauben an die Engel kann man in Zeiten, in denen man sich einsam fühlt, ihre Nähe ganz besonders wahrnehmen. Auf sie ist Verlass, sie lassen einen nie im Stich und schenken Mut und Zuversicht.

Die Musik ist die Sprache der Engel.

THOMAS CARLYLE

DER ENGEL DES GLÜCKS
pocht nur einmal
an unsere Pforte;
wehe dem Verblendeten,
der nicht öffnet!

KARL FRENZEL

DER ENGEL DES GLÜCKS

Wir alle wünschen uns Glück, Zufriedenheit und Liebe. Dabei soll man nicht darauf warten, dass andere einen glücklich machen, sondern damit anfangen, sich selbst so zu lieben, wie man ist. Enttäuschungen und falsche Erwartungen müssen losgelassen werden, damit das Glück stets präsent ist.

Lächelnd ihr gebet uns
wohl zu verstehn,
dass ihr umschwebet uns,
wo wir auch gehn.

FRIEDRICH RÜCKERT

Nur eines wissen wir von ihrem Wirken, Schweben:
dass sie glücklich sind und rein der Liebe leben.

EDMUND WALLER

GRAD IN DES LEBENS SCHWERSTEN STUNDEN
spricht tröstend dir dein Engel zu:
»Durchs Leiden hast du mich gefunden;
ich bin getrost; nun sei's auch du!«

KARL MAY

Wir sind in der Tat eine Art Engel,
der keine Flügel mehr hat; aber wir erinnern uns daran,
dass wir sie einmal hatten, und wenn wir daran glauben,
sie wiederzubekommen, dann werden wir
von der Hoffnung verwandelt.

PAPST JOHANNES PAUL I.

DER ENGEL DER HOFFNUNG

Sich selbst und seinen Träumen treu zu bleiben, schenkt Mut in schweren Zeiten. Der Engel der Hoffnung ermuntert, nicht aufzugeben, sondern stets an die Herzenswünsche zu glauben. Mit positiven Gedanken und einem treuen himmlischen Begleiter an der Seite wird sich sicher alles zum Guten wenden.

O Hoffnung, wenn dein Engel uns umschwebet
und seinen Balsam in die Herzen gießt;
dann fühlen wir, dass etwas in uns lebet,
aus dem die Quelle jeder Freude fließt.

LUISE EGLOFF

DER *Wunsch* UNSERES SCHUTZENGELS,
uns zu helfen, ist weit größer als unser Wunsch,
uns von ihm helfen zu lassen.

DON BOSCO

Die *Vorstellung* von Engelsflügeln ergibt sich aus ihrer Fähigkeit, sich im Nu und mit unbegrenzter Geschwindigkeit von Ort zu Ort zu bewegen.

BILLY GRAHAM

Wenn du dich
einsam und traurig fühlst,
sei versichert,
du bist nicht allein.
EIN ENGEL
IST AN DEINER
SEITE.

Engel können fliegen,
weil sie sich selbst nicht so schwer nehmen.

SPRICHWORT AUS SCHOTTLAND

DER ENGEL DES LOSLASSENS

Loslassen heißt, sich von Ballast zu lösen und die Seele zu befreien. Negative Verbindungen – ob Streit, Kummer oder eine bedrückende Situation – müssen gedanklich gelöst und freigelassen werden. So kommt alles ins Fließen und man ist glücklich und zufriedener.

Betrübe nicht deinen Engel.

RAINER MARIA RILKE

Der Mensch hat es mit den *Eigenschaften* zu tun,
der Engel mit dem Wesen.

HONORÉ DE BALZAC

Wenn ein Kind stolpert,
HÄLT EIN GUTER ENGEL SEINE HAND HIN.

JÜDISCHES SPRICHWORT

DER ENGEL DER MOTIVATION

Das Leben steckt voller Überraschungen und Veränderungen, die einen manchmal überfordern oder lustlos machen. Der Engel hilft, sich immer wieder zu motivieren, schenkt neue Energie und Tatkraft. Man wird sich gleich viel lebendiger fühlen und kann gestärkt die Dinge anpacken. Jede Veränderung ist auch eine Chance!

Das schönste Erlebnis
ist die Begegnung mit dem Geheimnisvollen.

ALBERT EINSTEIN

Ein Engel schickt dir einen Regenbogen.

HALT AN, WO LÄUFST DU HIN?
Der Himmel ist in dir.

ANGELUS SILESIUS

MANCHMAL FÜHLT EIN MENSCH
SICH AUSSERSTANDE,
SEIN LEBEN NEU ZU GESTALTEN.
Er findet die Kraft jedoch wieder,
sobald er sich vom
fröhlichen Engel des Lebens leiten lässt.

MATHILDE VON DER AU

DER ENGEL DER GEDULD

Alles geschieht dann, wenn die Zeit dafür gekommen ist. Diese Zeit des Wartens sollte man mit Ruhe und Besonnenheit überbrücken, denn sie ist nur ein Vorbereiten darauf, dass eine positive Veränderung eintreten wird. Legt man den Fokus darauf und vertraut, dass man nicht alleine ist, wird der Engel der Geduld eine große Hilfe sein.

Glaube mir: In allem, was wir eine Versuchung,
ein Leid oder eine Pflicht nennen,
ist die Hand eines Engels im Spiel.

FRA GIOVANNI

BLEIBT, IHR ENGEL, BLEIBT BEI MIR!
Führet mich auf beiden Seiten,
dass mein Fuß nicht möge gleiten.

PICANDER

Die *Engel* haben keinen Körper.
Sie können allerdings
unter bestimmten Umständen
aufgrund ihrer Sendung
zugunsten des Menschen
in sichtbarer Gestalt erscheinen.

PAPST JOHANNES PAUL II.

Wer Vertrauen hat,
erlebt jeden Tag ein Wunder.

EPIKUR VON SAMOS

Nichts kann den Menschen mehr *stärken*
als das Vertrauen, das man ihm entgegenbringt.

ADOLF VON HARNACK

DER ENGEL DES VERTRAUENS

Vertrauen heißt, sich dem Leben zu stellen und es zu genießen. Besinnt man sich auf die positiven Kräfte in sich selbst, wird man das erreichen, was man sich vorgenommen hat. Nur mit Vertrauen kann man das Glück finden und das Leben erfolgreich und gesund gestalten. Unterstützt vom Engel des Vertrauens, wird die Zuversicht nie schwinden.

Vertrauen ist Magie.

FRIEDRICH RITTELMEYER

Wenn trübe Wolken über uns schweben
und jede rauschende Freude schweigt;
dann wohnt im Herzen ein sel'ges Leben,
das nur der Engel uns zeigt.

LUISE EGLOFF

Die Engel zeigen sich in schweren Krisen,
bei unerträglichem Leid und bei Absichten,
DIE MITGEFÜHL ZEIGEN.

RALPH WALDO EMERSON

In der *Stunde*, in der alle Dinge,
stiller werdend, sich im Schatten bergend,
einen tiefen Frieden atmen ...
schwebt ein leiser Engel mit fast unbewegten Flügeln
langsam über unsre Erde,
schaut bewundernd auf sie nieder.

PJOTR WJASEMSKI

DER ENGEL DES INNEREN FRIEDENS

Um im Einklang mit unseren Wünschen und Bedürfnissen zu leben, ist es wichtig, die innere Mitte zu finden und alle schlechten Gefühle beiseitezuschieben. Der Engel ebnet den Weg zum inneren Frieden und schenkt Harmonie und Ausgeglichenheit. Denn Frieden im Herzen verwandelt alles in Liebe und führt zu spirituellem Wachstum.

Glück

Selig ist der Mensch, der mit sich selbst in Frieden lebt.
Es gibt auf Erden kein größeres Glück.

MATTHIAS CLAUDIUS

DAS WERK VOLLBRINGEN,
sich selbst zurückziehen,
das ist des Himmels Weg.

LAOTSE

Sterne

SIND DIE VERGISSMEINNICHT DER ENGEL.

HENRY WADSWORTH LONGFELLOW

Ob bei Tag oder bei Nacht –
ES IST EIN ENGEL, DER ÜBER DICH WACHT.

DER ENGEL DER TRÄUME

An sich und seine Träume zu glauben, bedeutet, eine erfüllte Zukunft zu erschaffen. Wonach sehnen sich Herz und Seele? Was muss ich tun oder verändern, damit die Träume in Erfüllung gehen? Wenn man sich auf seine Wünsche und Sehnsüchte konzentriert und fest daran glaubt, so werden diese immer klarer und letztlich zur Realität – auf welche Art und Weise auch immer das geschehen wird.

Einen Engel erkennt man erst, wenn er vorübergegangen ist.

JÜDISCHES SPRICHWORT

WEM ES VERGÖNNT IST,
DASS SEIN TRAUM IN ERFÜLLUNG GEHT?
Dafür müssen im Himmel Wahlen abgehalten werden
und wir alle kandidieren ohne unser Wissen.
Die Engel stimmen ab.

VICTOR HUGO

EINER, DER UNS SEHR SCHÜCHTERN
nach unserem Woher und Wohin fragt und uns
sehr gegen unseren Willen dahin zurückschickt,
wo wir eben davonlaufen wollen,
kann ein Bote Gottes,
ein Engel sein.

SØREN KIERKEGAARD

DER ENGEL DER ZEIT

Zeit ist kostbar, deshalb sollte man sorgfältig damit umgehen. Sich Zeit nehmen, den Moment genießen und jeden Augenblick auskosten ist, was das Leben lebenswert macht. Kleine Auszeiten im Alltag sorgen dafür, dass man sich entspannen und auf die wichtigen Dinge des Lebens konzentrieren kann – auf liebe Menschen, auf die kleinen Dinge und ganz besonders auf sich selbst.

ABWÄRTS GENEIGT FLIEGT ER RASCH DAHIN,
durch den unermesslichen Himmelsäther.
Schwebt zwischen Welten und Welten
mit sicheren Flügeln mal auf Polarwinden,
mal mit raschem Sturm durchteilt er die gefügige Luft.

JOHN MILTON

Wenn uns ein *Engel* einmal
aus seiner Philosophie erzählen würde,
ich glaube,
es müssten wohl manche Sätze so klingen wie:
Zwei mal zwei ist dreizehn.

GEORG CHRISTOPH LICHTENBERG

Ich bin kein Engel,
aber ich habe meine Flügel
ein bisschen ausgebreitet.

MAE WEST

JEDER ENGEL IST EIN HIMMEL IN MINIATUR.

EMANUEL SWEDENBORG

DER ENGEL DER HARMONIE

Oft hilft es innezuhalten, um Harmonie zu spüren. Dann kann sich eine neue Welt öffnen, und man merkt, in welch einem harmonischen Einklang Herz, Seele und alles um einen herum ist. Hört man auf seine innere Stimme, kann man fühlen, wie sich Ausgeglichenheit breitmacht. Der Engel unterstützt dabei, sich selbst und seinem Umfeld durch Empathie näherzukommen.

Man schaut nach ihm
und sieht es nicht,
der Name nennt es: das Flüchtige;
man lauscht nach ihm
und hört es nicht,
der Name nennt es: das Seltene;
man greift nach ihm
und fasst es nicht,
der Name nennt es:
das Zarte.

LAOTSE

JEDES SICHTBARE DING AUF DER WELT
steht unter der Obhut eines Engels.

AUGUSTINUS VON HIPPO

Fürbitten HEISST:

JEMANDEM EINEN ENGEL SENDEN.

MARTIN LUTHER

Öffne dein *Herz* für die Botschaften der Engel!

> Was der Menschheit unmöglich ist, vermag die Macht und die Kraft der Engel zu vollbringen.
>
> JOSEPH GLANVILL

DER ENGEL DES MUTES

Entscheidungen zu treffen, erfordert immer eine Portion Mut. Der Engel wird einem dabei zur Seite stehen – sei es, um sich von Dingen zu trennen, die einen belasten, oder um Mut zu machen, neue Wege einzuschlagen. Wenn man fest an sich und seine Fähigkeiten glaubt, ist der erste Schritt schon gemacht – alles andere wird sich von selbst ergeben.

Lächeln

DAS LÄCHELN EINES FREMDEN –
ein Engel hat durch ihn gesprochen.

DER HIMMEL IST GROSS,
er bietet allen Arten der Liebe und des Mutes Raum.

RALPH WALDO EMERSON

Das Lachen ist ein leichtes silbernes Glöckchen,
das uns ein guter Engel
mit auf den *Lebensweg* gegeben hat.

JOSEPH ROTH

DER ENGEL DER FREUDE

Wenn man selbst glücklich ist, sind es die Engel auch. Betrachtet man dabei alles von der positiven Seite, wird das Leben beschwingter, leichter und fröhlicher. Diese Freude weiterzugeben, wird himmlische Kräfte freisetzen, die sich Tag für Tag neu entfalten können.

Denkst du an Engel,
so bewegen sie ihre Flügel.

WEISHEIT AUS ISRAEL

Weitere Titel von arsEdition

Von Engeln behütet
ISBN 978-3-8458-1485-8
€ 9,99 (D), € 10,30 (A),
sFr 14,90

**Ein Engel für jeden Tag –
Schutzengelkarten**
GTIN 40-14489-11139-9
€ 4,99 (D), € 4,99 (A),
sFr 7,90

**Von Engeln behütet –
Worte der Inspiration**
ISBN 978-3-7607-8633-9
€ 4,99 (D), € 5,20 (A),
sFr 7,90

Kleiner Schutzengel
ISBN 978-3-8458-1486-5
€ 4,99 (D), € 5,20 (A),
sFr 7,90

Mehr Geschenkideen finden Sie unter www.arsedition.de

In einigen Fällen war es nicht möglich, für den Abdruck der Texte die Rechteinhaber zu ermitteln. Honoraransprüche der Autoren, Verlage und ihrer Rechtsnachfolger bleiben gewahrt.

© 2016 arsEdition GmbH, Friedrichstr. 9, 80801 München
Alle Rechte vorbehalten
Cover: www.fotolia.de: reichdernatur; Getty Images / Thinkstock
Fotografien Innenteil: www.shutterstock.com: S. 4: Helen Hotson, S. 7: Brberrys, S. 8: danielo, S. 10: Nasjat, S.21: Willem Havenaar, S. 35: Sunny Forest, S. 44: Alin Brotea, S. 49: Anettphoto, S. 50: 9Gawin, S. 55: Alin Brotea, S. 61: photo_journey, S. 62: Neftali, S. 69: Pakhnyushchy, S. 76: Yuttasak Jannarong, S. 79: ShutterB, S. 82: Kotkoa, S. 86: E. Spek, S. 93: sutham, S. 94: Valentina Photos, S. 97: pavelgr, S. 111: KieferPix, S. 120: Neale Cousland, S. 125: Galyna Andrushko, S.128: Edwin Butter, S. 143: Kateryna Mostova, S. 147: orangecrush, S. 150: Daleen Loest, S. 159: Korionov, S. 160: nature photos, S. 162: Here, S. 168: luck luckyfarm, S. 170: AnjelikaGr, S. 172: Creative Travel Projects, S. 175: Kostenko Maxim, S. 177: Andreja Donko, S. 181: Gary Paul Lewis, S. 187: Kwiatek7, S. 189: ZeroOne_Th; Getty Images: S. 15: Jeja, S. 36: John White Photos, S. 73: Danita Delimont, S. 105: Nils Hendrik Mueller, S. 127: Richard Desmarais / Design Pics, S. 136: Grant Faint, S. 144: Rosita So Image, S. 153: moan; Getty Images / Thinkstock: S. 13, 18, 22, 25, 28, 33, 39, 42, 47, 64, 66, 80, 99, 108, 113, 117, 122, 134, 141, 155, 156, 165, 167, 182; www.fotolia.de: S. 2: reichdernatur, S. 17: Malgorzata Kistryn, S. 27: AnnaPa, S. 30: kaki, S. 58: kichigin19, S. 70: Mumpitz, S. 100: alunablue, S. 102: Bruno Bernier, S. 114: UMB-O, S. 131: kmiragaya, S. 149: FotoFrank; www.istockphoto.com: S. 41: Andrejs Zemdega, S. 52: Whiteway, S. 57: mstroz, S. 75: La_Corivo, S. 85: Fitzer, S. 88: eliottero, S. 91: falcatraz, S. 106: t-lorien, S. 119: Fitzer, S. 133: nojustice, S. 139: MichaelFindlay, S. 178: pastie, S. 184: Gary Paul Lewis
Hintergründe & Vignetten: Getty Images / Thinkstock
Covergestaltung: arsEdition
Gestaltung Innenteil: Eva Schindler, Grafing
Text: Malaika Beaulieu
Printed by Tien Wah Press
ISBN 978-3-8458-1484-1

www.arsedition.de